それ日本と英!?

第2期

文化のちがい 習慣のちがい

1 ニコニコ 学校生活

監修 国立民族学博物館長 須藤健一

この巻では、日本といろいろな国の学校生活を比べるよ！

入学式が秋にあったり、授業ごとに教室移動をしたり、学校生活は国や地域によってちがうのじゃよ。

はな子
いつからか学校に住み着いているざしきわらしの女の子。世界中の学校に、友だちをつくりたいと思っている。

フクロウ教授
齢1000才ともうわさされるとても物知りの先生。ふだんは、魔法使いの学校で勉強を教えている。

1 ニコニコ 学校生活

それ日本と変!? 文化のちがい 習慣のちがい 第2期

もくじ

中国の場合	秋に入学式があるってほんと？ 入学時期のちがい	4
イギリスの場合	1人で登校してはいけないの？ 通学方法のちがい	8
アメリカの場合	毎時間ちがう教室で授業があるの？ 学校の教室の役割のちがい	12
ドイツの場合	昼ごはんを家で食べるってほんと？ 昼食をとる場所のちがい	16
のぞいてみよう！	世界の学校のお昼ご飯	20
アメリカなどの場合	学校のそうじを自分たちでしなくていいの？ 学校でのそうじのちがい	22
ドイツの場合	職員室は先生以外立ち入り禁止？ 職員室の役割のちがい	26
ラトビアの場合	日本の夏休みって長いの、それとも短いの？ 夏休みの長さのちがい	30
フランスの場合	小学校でも飛び級や留年をする？ 進級の制度のちがい	34
のぞいてみよう！	世界の学校のさまざまな授業風景	38

- ●学校はどうして生まれたの？ ... 40
- ●世界の教育制度 ... 42

この本で紹介した国と地域 ... 44

[オマーン　カンボジア　中国　フィリピン　デンマーク　ハンガリー
フィンランド　ラトビア　タンザニア　キューバ　パナマ　ニュージーランド]

この本の特長とルール

この本の特長

1. 必ずしもその習慣がその国全体で行われているのではなく、特定の地域や社会でのみ行われている場合も、その国の国旗と国名を記載しています。
2. ある地域や民族に顕著な文化や習慣の場合、国名のあとに、（　）で地域名や民族名を併記しています。
3. ある文化や習慣が複数の国や地域にみられる場合、その代表となる国名を挙げた項目があります。
4. ある文化や習慣が、3以上に広範囲にみられる場合、「イスラム社会」など特定の文化圏の名称や、「世界」として示した項目があります。
5. 国名は、通称を用いています。

この本のルール

1. 各テーマの最初の見開きでは、左ページに日本の事例を、右ページに外国の事例を紹介し、文化のちがいを対比しています。
2. 次の見開きの まとめ で、その文化のちがいを生む考え方、原因や背景をまとめています。また、 いろいろな国の〇〇 では、関連するテーマについてのいろいろな国の事例を紹介しています。
3. 文化 あれこれ では、そのテーマに関連するおもしろい話題やことばを 豆知識 ことば として紹介しています。
4. 44ページ この本で紹介した国と地域 では、それまでのページで国旗をつけて文化の事例を紹介した国について、地図や、気温・降水量のグラフをまじえて説明しています。
1〜5巻のうち複数の巻で紹介している国については、ほかの巻で説明しているものもあります。それぞれの国が何巻で説明されているかは、47ページに一覧があります。

この本を読むみなさんへ

今日、何億人もの人々が地球上を自由に行き来しています。私たちは日ごろから外国の方に出会い、知り合い、おつき合いをする機会が増えています。しかし、ことばをはじめ、しぐさや歩き方、マナーや考え方などでちがいを感じてとまどうことがよくあります。異なる文化を身につけた人どうしが相手のことを知るには、自分の「ものさし」で相手の文化を見るのではなく、相手の立場に身をおいて、そのちがいを考える姿勢が大事です。

世界の国々は、学校で子どもたちが知識や技能を楽しく学べるようにいろいろな工夫をこらしています。第1巻では、授業や進級、そうじや給食、夏休み期間と宿題などについて私たちの学校と比べてみましょう。

監修　国立民族学博物館長
須藤健一

入学時期のちがい 中国の場合

秋に入学式が

テレビを見ていたら、中国の入学式のようすを放送して

日本では、新年度は4月に始まりますが…

政府に合わせて4月始まりに

　日本では明治時代に、アメリカやヨーロッパをお手本に、今のような学校制度がつくられました。はじめは、小学校の新年度が始まる時期は地域によってちがいましたが、明治33（1900）年に出された小学校の制度に関する法律によって、4月始まりと定められました。これは、政府の「会計年度」（予算を1年ごとに計算するための区切り）に合わせたことによると考えられています。

　いっぽう、アメリカやヨーロッパなどの学校は9月に始まるため、外国人の先生が多い大学などは、昔は9月始まりでした。

日本の大学が4月始まりになったのは、大正時代からなんだって。

あるってほんと？

いたんだ。今は9月なんだけど…？

中国では、9月に学校が始まります。

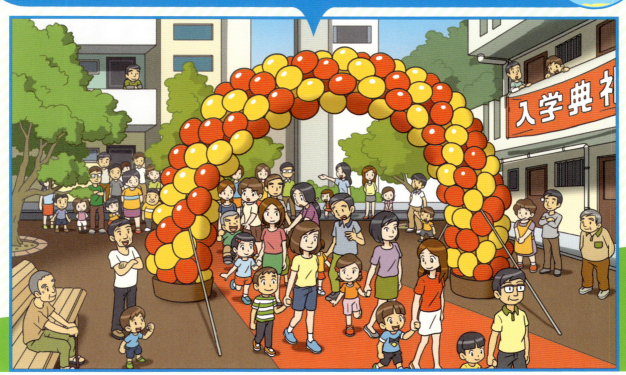

9月始まりの2学期制

　中国では、学校の新年度は9月に始まります。2学期制で、7月半ばから8月終わりまでの夏休みと、1月半ばから2月半ばまでの冬休みがあります。中国など世界の多くの学校で、新年度が9月から始まるのは、アメリカやヨーロッパの学校制度と同じです。アメリカやヨーロッパの新年度が9月始まりの理由は、主食の小麦を植える時期に合わせたという説や、あたたかい時期なので、体調をくずさず入学試験を受けられるから、という説などがあるようです。

明治時代以前の日本の「学校」は？

　江戸時代には、武士の子どもは「藩校」という学校に通い、庶民の子どもたちは「寺子屋」で勉強していました。寺子屋は村役人・僧侶・裕福な町人などによって運営され、読み・書き・そろばんや道徳を教えていました。寺子屋に通う年齢や通う期間に決まりはなく、6才か7才ぐらいから通い始め、4～6年ほど通いました。

まとめ どうしてちがうの？

学校が、日本では4月から始まり、中国では9月から始まるのは、次のような背景があるようです。

1 日本では、最初は小学校の始まる時期は地域によってちがったが、明治33（1900）年に政府が4月始まりと決めた。

2 4月と決まったのは、政府の会計年度に合わせたからだと考えられる。

3 中国では、アメリカやヨーロッパの学校制度と同じ、9月始まりになっている。

いろいろな国の新年度

オーストラリア

新年度は夏休みのあとだけど…

オーストラリアでは、さまざまな制度をヨーロッパからとりいれてきました。しかし、学校の新年度はヨーロッパに多い9月ではなく、1月末から2月初めです。それは、オーストラリアが南半球にあるため北半球とは季節が逆になるからです。2月ごろのオーストラリアは、季節が夏から秋に変わりゆく時期です。つまり、新年度はヨーロッパと同じように夏休みのあとから始まるのです。

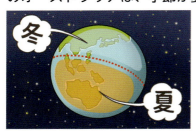

シンガポール

新年度は年の初め

2学期制で、1学期が1月の初めから5月末まで、2学期が6月末から11月の中ごろまでです。各学期のとちゅうにも約10日間ずつの休みがあります。シンガポールは赤道近くにあり、一年中気温が高く、雨が多いので、「夏休みを長くとって、それから新年度」という考え方は当てはまりません。そのため、1年の始まりである1月から学校も始まると考えられています。

パナマ

「夏」の終わりから新年度

赤道近くにあるパナマの一年は、雨が多く降る雨季と雨が少ない乾季の二つの季節に分かれています。パナマの人々は乾季を「夏」、雨季を「冬」とよび、「夏」は12月ごろから4月ごろまで続きます。学校の「夏休み」は12月末から2月中ごろまであり、「夏休み」の終わる2月半ばからは新年度が始まります。

🇩🇰 デンマーク ✈

ちょっと変わった名前のお休み

デンマークの学校は、ヨーロッパのほかの国の学校より少し早く、8月後半に新年度が始まります。2学期制で、8月後半から12月中ごろまでが1学期、1月から6月の終わりごろまでが2学期、そのあとは夏休みが続きます。

デンマークには夏休みやクリスマスの休みのほかに、デンマーク独特の休みがあります。2月中ごろの冬休みは「スキー休み」、10月中ごろの秋休みは「じゃがいも休み」とよばれるそうです。これは昔、子どもたちがじゃがいもの収かくを手伝うための休みだったからです。

日本にも昔は「田植え休み」や「稲かり休み」があったんだって！

文化あれこれ

豆知識 ニュージーランド

誕生日の次の日から入学する

「義務教育」とは、子どもに必ず受けさせなければならない教育のことです。日本では、小学校の6年間と中学校の3年間が義務教育で、子どもは6才になった次の4月に、そろって小学校に入学します。

ニュージーランドでも義務教育は6才から始まりますが、その前に、5才になったら小学校に入学することができます。ほとんどの子どもは5才の誕生日の翌日に「0年生」としてそれぞれ入学してきます。そのため、ニュージーランドの小学校には入学式がありません。

ようこそ0年生へ！

豆知識 日本

4月2日生まれが、いちばんのお兄さん／お姉さん？

日本では、6才になって最初の4月1日に小学校に入学します。日本の法律では、誕生日の前日が終わる時刻（夜の12時）に1つ年をとると考えるため、4月1日生まれの子どもは、3月31日の夜12時に6才になり、翌日の4月1日から小学生になります。また、4月2日生まれの子どもは、4月1日の夜12時に6才になるので、4月1日生まれの子どもより1年おくれて、次の年の4月1日に小学生になります。

こうした理由により、一学年は4月2日生まれから次の年の4月1日生まれの子どもたちの集まりになります。

通学方法のちがい　イギリスの場合

１人で登校して

イギリスの友だちのお母さんに、毎朝１人で学校に通っ

日本では、子どもは１人か友だちといっしょに登校しますが…

 地域で子どもを見守る

　自分で自分を守る力をつけるため、日本では子どもだけで登校するのが一般的です。ただし、犯罪や交通事故を防ぐため、保護者などによるボランティアが通学路に立ったり、防犯パトロールをしたりするなど、地域で協力して子どもたちを見守っています。また、通学路に防犯カメラを設置したり、子どもたちに防犯ブザーを持たせたりするなど、さまざまなくふうをしています。
　集団で登校するときには、高学年の子どもが低学年の子どもを引率することで、リーダーシップを学べるようにもしています。

登下校も、社会勉強のひとつなんだね。

8

はいけないの？

ていると話したら、びっくりされちゃった。どうしてだろう？

イギリスでは、子どもは
必ず保護者といっしょに登校します。

学校に子どもを送りとどけるのは親の責任

　イギリスでは、おもに治安や交通安全上の理由から、12才までの子どもが1人で外を歩いたり、留守番をしたりすることは禁止されています。登下校には必ず保護者がつきそい、8時45分までに子どもを学校に送りとどけることが義務づけられています。親がつきそえない場合は、親せきやベビーシッターが送りむかえをします。また、近所の家族と協力して、交代でつきそう家庭もあります。

下校のしかたもちがう

　日本では下校も子どもだけで行いますが、イギリスでは、下校時間になると駐車場はむかえの車でいっぱいになります。そのため、子どもが車から乗り降りする場所を指定して、事故などを防いでいます。下校時間に保護者がむかえに来られない場合は、学校の中にあるホームワーククラブという場所で、宿題や読書をしながらむかえを待つ子どももいます。

まとめ どうしてちがうの❓

日本とイギリスで通学方法がちがう理由には、次のような背景があるようです。

1 日本では、自分で自分を守る力をつけるため、地域の人たちが見守るなか、子どもたちだけで登校する。

2 イギリスでは、治安や交通安全上の理由から、12才までの子どもを1人にしてはいけないため、登下校に必ず保護者がつきそう。

いろいろな国の登下校

🇲🇳 モンゴル ✈

馬で通学し、1週間とまる

モンゴルのほとんどの学校は、午前と午後二つに分けて授業を行う「二部制」がとられています。そのため、朝から登校する子どももいれば、昼過ぎから登校する子どももいます。また、学校から遠いところに住んでいる場合、月曜日に馬に乗って登校し、金曜日まで寄宿舎で生活する子どももいます。

寄宿舎で生活する子どもにとって、週末は、家にもどって家族と過ごす大切な時間です。

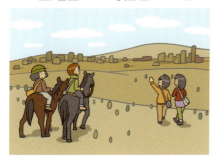

🇹🇭 タイ ✈

整列して下校する

登校するときはみんなバラバラですが、下校は男女別に一列に並んで門を出るという学校があります。しだいに列はバラバラになって学校の近くにある、だ菓子屋や、アイスクリームやジュースなどの屋台に立ち寄る子どもも多いといいます。屋台のまわりはとてもにぎわっていて楽しそうです。

🇻🇳 ベトナム ✈

バイクや自転車で登下校

ベトナムでは、バイクと自転車がおもな交通手段です。歩いて登下校する子どももいますが、バイクや自転車で家族に送りむかえをしてもらう子どももたくさんいます。先生の多くもバイクで通勤します。

道路をうめつくすバイク。

> ベトナムの学校は朝、7時過ぎから始まるんだって！まだ眠いじゃろう。

🇩🇪 ドイツ ✈

キックボードで通学できる

　ドイツでは、1人か近所の友だちと登校します。ふつうは歩きますが、学校が遠い子どもは自転車やキックボードなどを使うこともゆるされています。下校時には、1週間交代で係の子どもが校門の前に立ち、事故が起きないように見はっています。

🇴🇲 オマーン ✈

暑さ対策のバス通学

　西アジアの国オマーンでは、4月から10月の夏季は気温が40度をこえるとても暑い日が多いため、人々は日中にあまり外を出歩きません。そのため、オマーンでは日本なら歩けるくらいのきょりにある学校まで、スクールバスに乗るか、保護者による車での送りむかえが多いのです。

文化あれこれ

豆知識 キューバ

ちこくをチェックする係の子どもがいる

　キューバでは、登校のさいは必ず保護者がつきそって、朝礼が始まるまでに登校することになっています。毎朝、校門の前にはちこくをチェックする係の子どもが立っており、ちこくをした子どもは名前とクラスを記録されます。ちこくが多いと、先生と保護者の話し合いが行われます。

豆知識 ブラジル

登下校を機械で管理

　ブラジルでは、安全のために、校門に置かれた機械に自分の写真入りの専用カードを通さないと、校内に入れないしくみを取り入れている学校があります。下校のときも、カードを機械に通してから外に出なければなりません。これは子どもたちが全員きちんと来て、きちんと帰ったかを確認するためです。

| 学校の教室の役割のちがい アメリカの場合 | # 毎時間ちがう教

アメリカに転校した中学生のいとこが、「日本はずっと

日本では、ずっと同じ教室で授業を受けるのが基本ですが…

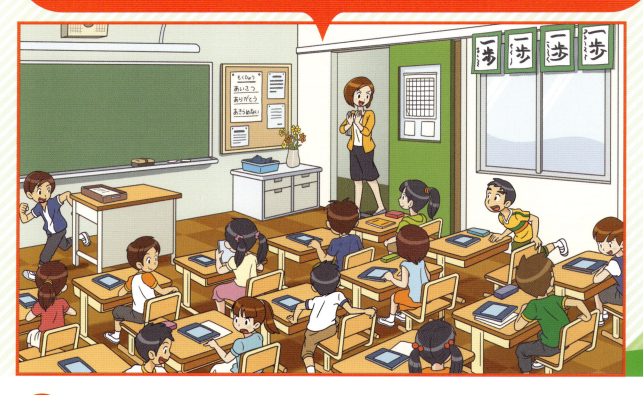

教室はみんなで生活する場所

　日本では、音楽や図画工作、理科の実験など、特別な道具や場所が必要な授業以外は、自分の教室で授業を受けます。中学校では教科ごとに先生がかわり、授業の時間になると、各教科の先生が教室に来て授業を行います。日本では、自分の教室は「勉強以外にもいろいろなことを学ぶ場所」であると考えられているのです。
　「まわりの友だちと協力し合うこと」や、「健康な生活習慣を身につけること」も、学校で学ぶ大事なことと考えられています。同じ教室で長い時間をいっしょに過ごし、授業のほか、さまざまな活動をともに行うことで、「まわりの友だちと協力し合うこと」を学ぶことができるのです。

保健係や生き物係など、いろんな係があるよね！

室で授業があるの？

同じ教室だから楽だね」って言ったんだ。どういう意味なんだろう？

アメリカの中学校ではすべての授業で教室がかわります。

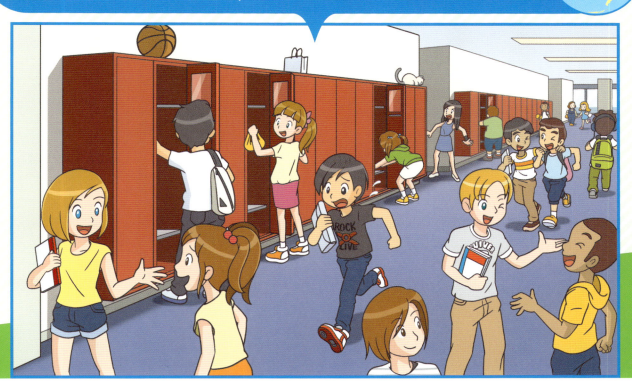

クラスメイトも毎時間かわる

　アメリカの中学校では先生がそれぞれ自分の教室をもち、生徒は休み時間に次の授業を担当する先生の教室へと移動します。生徒1人ひとりの時間割がちがうので、となりの席の生徒と、次の時間も同じ授業を受けるとは限りません。また、学習の進み具合によってちがう内容を習うことや、自分で科目を選ぶこともあります。生徒は、自分の持ち物を学校のろうかにあるとびらつきのロッカーに入れて管理します。

アメリカの小学校では？
　アメリカでも、小学校では担任の先生がほとんどの科目を同じ教室で教えてくれます。音楽の授業は音楽室で、コンピュータの授業はコンピュータのある教室で行うのは日本と同じです。日本と大きくちがうのは、時間割です。日本の学校では時間割があらかじめ決まっていますが、アメリカの小学校では、担任の先生が毎日の時間割を決める学校が多いそうです。

13

まとめ どうしてちがうの？

日本の中学校では先生が教室に来て、アメリカでは生徒が教室を移動するのには、次のような背景があるようです。

1 日本では、学級活動を通じて「協力すること」を学ぶために、自分の教室がある。

2 アメリカでは、生徒1人ひとりの時間割がちがうので、生徒が自分の受ける授業を担当する先生の教室に行く。

いろいろな国の授業風景

🇨🇺 キューバ

チェスの授業で考える力をのばす

キューバでは、希望する子どもは、学校で「チェス」の授業を受けることができます。チェスは「考える力を養うゲーム」であり、論理的な考え方や、数学的なものの見方などをのばす効果があるといわれています。世界の多くの国で、チェスはスポーツの一つとも考えられています。

キューバでは、学年別のチェスの全国大会があるので、子どもたちはそれにむけて日ごろからうでをみがいています。

🇻🇳 ベトナム

太鼓が鳴ったら授業開始

昔の日本では、授業のはじめや終わりには鐘やひょうし木などを鳴らしていましたが、ベトナムの学校では大きな太鼓を鳴らして合図します。太鼓は、校庭や建物の外のろうかなど、学校全体に音がひびきわたる場所に置いてあります。授業のはじめに教頭先生が太鼓をたたくと、子どもたちは急いで教室に向かいます。

🇫🇮 フィンランド

教科書はみんなのもの

フィンランドでは、授業の終わりに、係の子どもがみんなの使った教科書を集めて、決まった場所にもどします。教科書はみんなで使うものなので、必要なときに取りに行き、使い終わったら元の場所にもどすのです。したがって、「自分の教科書」というものはありません。同じ教科書を次の学年の子どもも使うので、できるだけきれいに使います。

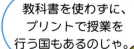

教科書を使わずに、プリントで授業を行う国もあるのじゃ。

🇫🇷 フランス

先生の質問に全員で答える

フランスの子どもたちは、小さな黒板とチョークのセットを持って授業を受けます。算数などの授業中に先生が質問をすると、子どもたちは自分の黒板に答えを書いて、先生の方に向けて見せます。こうすることで、クラスの全員が先生の質問に答えることができます。これはフランスで100年以上続いている授業の方法です。最近では、黒板の代わりに、ホワイトボードを使うこともあります。

文化あれこれ

豆知識 インドネシア

自分の宗教について学ぶ

インドネシアには、国民は国が認めた宗教のうちのどれかを信仰しなければならないという決まりがあります。認められている宗教は、イスラム教、キリスト教、ヒンドゥー教、仏教、儒教ですが、国民の9割近くがイスラム教徒です。宗教を重んじるインドネシアでは、学校でも宗教の授業がもうけられています。子どもたちは自分たちが信じている宗教ごとの教室に分かれて授業を受けます。宗教の時間は毎週1時間から2時間など学校によって異なるようです。

豆知識 シンガポール

英語と自国の言語を学ぶ

シンガポールの「国語」はマレー語です。シンガポールには、もともとマレー人が住んでいたためです。ほかにも、インドや中国から大勢の人が移り住んだので、タミル語や中国語、さらには英語も国が公式に定めた公用語になっています。英語が公用語になっているのは、19世紀初めから20世紀の半ばまではイギリスが統治していたことなどが理由です。学校では、基本的に全員が英語で学習していますが、それぞれの民族の文化を大切にするため、マレー語、タミル語、中国語も、学校で勉強できるようになっています。

昼食をとる場所のちがい ― ドイツの場合

昼ごはんを家で

ドイツに引っこした友だちから手紙がきたけど、お昼ご

日本では学校でみんなといっしょに給食を食べますが…

 みんながじゅうぶんに食べられるように

日本では、ほとんどの学校で給食があります。全国で学校給食の制度が始まったのは、昭和29（1954）年です。そのころは、人々にじゅうぶんに食べ物がいきわたっていなかったので、子どもたちに必要な栄養をとらせるために始まりました。
最初のころには、シチューと脱脂粉乳（牛乳からしぼう〈クリーム〉をとった残りを粉にしたもの）だけだった給食ですが、今では、栄養士さんがくふうをこらしたさまざまなメニューを考えて、子どもたちに提供しています。また、最近では地域の特産品が給食に使われることも多くなりました。

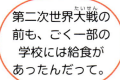
第二次世界大戦の前も、ごく一部の学校には給食があったんだって。

食べるってほんと？

はんは家に帰ってから食べるんだって。おなかすいちゃいそう…。

ぜ？

ドイツでは家に帰ってから家族と昼ごはんを食べます。

🧙 子どもの食事は保護者の責任

　ドイツの多くの学校は朝の7時半から8時ごろに始まり、午後1時から2時ごろに終わります。学校が昼過ぎには終わるので、学校が終わって家に帰ってから昼食をとる子どももいます。ドイツでは「学校は勉強をするところ」という考え方があり、食事などの生活に関することは保護者の責任とされます。そのため、親や保護者も仕事の昼休みに一度家に帰り、家族そろって食事をする習慣があります。

最近は給食の学校もある

　ドイツでは、「教育は基本的に親の権利」という考え方があるため、学校が必要以上に家庭生活に立ち入らないようにしています。そこで、昼食は家で食べるのですが、最近では都市部を中心に、この習慣も変わりつつあります。職場が遠く昼休みに家に帰れないことや、働く女性が増えて簡単な昼食しか準備できないことなどの理由により、食堂や給食のある学校も増えています。

17

まとめ どうしてちがうの？

日本では昼食を学校の給食で、ドイツでは家に帰ってから食べるのには、次のような背景があるようです。

1 日本では、第二次世界大戦後に、すべての子どもが栄養をとれるように学校給食の制度ができた。

2 ドイツでは、家族そろって昼食を食べる習慣があり、「学校はあくまで勉強をするところ」という考え方がある。

3 しかし今では、ドイツでも親の働き方が変化しているため、給食や食堂のある学校が増えている。

いろいろな国の学校の食事

🇷🇺 ロシア

給食の時間が2回ある

高学年になって、学校で勉強する時間が長くなると、学校で2回食事をとります。午前中に1回目、午後の早い時間に2回目です。学校で配られる給食は、パンと牛乳、りんごといった軽いものですが、足りない子どもは売店でパンを買って食べることもできます。午前中の2回目の食事は「第2の朝食」とよばれ、世界の多くの地域で見られる習慣です。

ロシアの給食に出るピロシキ。日本の給食にも出ることがあります。

🇫🇮 フィンランド

好きなものを好きなだけ

フィンランドでは高校までは給食が無料です。昼食は、それぞれが食べたいものを食べたい量だけ取ることができるビュッフェ（バイキング）形式になっています。アレルギーの子どものために、別のメニューも用意されています。

🇻🇳 ベトナム

学校の中に屋台がある⁉

学校内に「キャンティーン」とよばれる屋台があり、子どもたちはそこで朝食をとります。「キャンティーン」とは、英語で「売店」や「食堂」という意味です。ベトナムでは朝食を家で食べず、町の屋台でおかゆやフォー（米のめん）を食べる習慣があり、以前は子どもも町の屋台で朝食をとっていたのですが、最近では学校内にキャンティーンがつくられるようになりました。

> キャンティーンでは、休み時間に軽食を買うこともできるんじゃ。

🇬🇧 イギリス

給食を食べる日を選べる

イギリスでは、昼食は食堂でそろって食べますが、お弁当を持ってくる子どもと、給食の子どもがいます。給食を食べたい場合には、あらかじめ申しこんで代金をはらっておくことになっています。

好きなメニューのときだけ給食にしたいな！

文化あれこれ

豆知識 メキシコ

おやつの時間がある

メキシコの学校には、Recreo（レクレオ）とよばれる「おやつの時間」があります。メキシコでは朝食はあまりとらず、少しおそめの昼食を食べます。そこで、昼食までにおなかがすかないように、おやつの時間をもうけているのです。おやつは家から持ってくるほか、校内の売店で買ってもいいことになっています。買い物をすることで、子どもにお金の使い方や大切さを学ばせる意味もあります。

豆知識 タイ

朝礼前の朝食時間

タイでは毎朝、始業の前に全校の朝礼を行います。子どもが国旗をあげ、全員で国歌を歌います。そのあと、軽い運動をしてから、連絡ごとが伝えられます。また、朝礼の前に朝食を食べる習慣があり、高学年の子どもが自分たちでつくったお菓子や軽食を用意します。かき氷や焼き鳥など、メニューもとてもユニークです。

のぞいてみよう！ 世界の学校

日本では、ほとんどの学校で給食を食べています。世界の子か。国や地域によって、お昼ご飯のメニューも、食べ方もさた。ただし、あくまで一例で、隣の学校とはぜんぜんちがう

見たことのないものばかり。どれもおいしそう！

フランス

食堂で、コース料理の給食を出す学校があります。最初の前菜とパンは、子どもたちが食堂に来る前に準備されています。前菜は、サラダやチーズなどの冷たいものです。それから、温かい肉や魚などのメインの料理、最後にデザートが配られます。

写真：BSIP agency／アフロ

エチオピア

主食の「インジェラ」をお弁当として持ってきて、木かげなどで友だちと食べます。インジェラはクレープの生地のようなもので、すっぱい味がします。辛く煮込んだおかずを包んだり、辛い調味料をつけたりして食べます。

©homocosmicos-Fotolia.com
インジェラはおもにテフという穀物からつくられる。

インド

2部制の学校が多いのでお昼ごはんは家で食べますが、休み時間には軽食をとります。学校の売店で焼きそばやホットドッグを買ったり、家からお弁当を持ってきたりします。お弁当はサンドイッチや、カレーとチャパティ（平たいパンのようなもの）などです。

©exclusive-design-Fotolia.com
インドのチャパティ

中国

給食は、ふつう一枚の大きなプレートに全部のっています。肉や魚の煮物、あげもの、野菜のいためものなどの温かいおかずに、主食は白米やチャーハン、焼きそば、肉まんなどで、スープもついています。地域や学校によってメニューはさまざまです。

写真提供：JTB フォト

20

のお昼ご飯

どもたちは、学校でどんなお昼ご飯を食べているのでしょう まざまです。世界のいろいろなお昼ご飯の例を集めてみまし ということもありますよ。

山梨県　ほうとう

うどんを平たくしたようなめんの料理です。戦国時代の武将である武田信玄がつくり方を教えたとされています。そのときに、大切な刀「宝刀」で材料を切ったので、「ほうとう」とよばれるようになったという説があります。

©solajiro-Fotolia.com

めんの太さが特ちょう的な「ほうとう」

北海道　三平汁

サケやタラなど、北海道でたくさんとれる魚を、ニンジンやダイコン、ジャガイモなどといっしょに煮こんだものです。塩づけの魚と保存がきく野菜でつくる冬の料理で、体を内側から温めてくれます。

サケの入った三平汁

日本のなかでもいろいろな給食があるんじゃな。

🇳🇮 ニカラグア

「メリエンダ・エスコラール（学校の昼ごはん）」という制度があります。国から各学校に配られた米やトウモロコシ、豆などを、当番の子どもが家に持って帰り、家の人がクラス全員分を料理して、学校にとどけるのです。

©carles-Fotolia.com

ニカラグアのまぜごはん「ガジョピント」

🇺🇸 アメリカ

アメリカで「お弁当」といえば、「ピーナッツバターとジェリー（ジャム）のサンドイッチ」です。パンにピーナッツバターとジャムをたっぷりはさんだものです。簡単なので、高学年の子どもは自分でつくります。

©MSPhotographic-Fotolia.com

ピーナッツバターとジェリーのサンドイッチ

21

学校でのそうじのちがい
アメリカなどの場合

学校のそうじを自

アメリカから来た友だちに、そうじ当番の話をしたら、

日本の学校では、そうじは子どもたちの役割ですが…

 仏教や神道の教えが元になっている

　子どもたちによる学校のそうじは、日本など、アジアの仏教国に多く見られます。仏教では、多くの場合、そうじにはげむことが修行の一つとされます。そうじは身のまわりをきれいにするだけでなく、心のよごれも取りのぞくことができると考えられているからです。日本では、清潔さを保つことを大切にする、神道の考え方もえいきょうしています。
　みんなで協力することの大切さを学び、公共心を育てるなど、そうじには教育的な効果もあります。また、そうじの習慣を身につけることで、衛生的な生活を心がけることができます。

自分たちでそうじするから、教室をきれいに保とうと思えるね。

22

分たちでしなくていいの？

びっくりされちゃった。どうしてだろう？

アメリカなどでは、専門の清そう員の仕事です。

学校は労働ではなく勉強をするところ

　アメリカやヨーロッパの国々では、学校は勉強するところであり、そうじなどの労働をするところではないと考えられています。そうじは専門の清そう員が行うため、短時間できれいにすることができます。

　また、子どもたちでそうじをすると、そうじの仕事についている人たちの仕事をうばってしまうという理由もあるのです。

「学校」と「家庭」の役割のちがい

　アメリカやヨーロッパの国々では、子どもの教育について、学校と家庭の役割がはっきり分かれています。学校は「勉強を教える」ことが第一とされ、生活に関するしつけはしません。各家庭で保護者が責任をもって教えるべきことに、学校は立ち入らないのです。

　いっぽうで日本の学校は勉強だけでなく、生活習慣などの教育も目的としており、そうじもその一つなのです。

23

まとめ どうしてちがうの❓

アメリカなどで子どもが学校のそうじをしないのは、次のような考え方のちがいによるようです。

1 日本などの仏教のさかんな国では、そうじは修行の一つであり、心もきれいにすると考えられてきた。

2 そうじを通じて、協調性や公共心を育てるなど、教育的な意味もある。

3 アメリカなどでは「学校は勉強をする場所」という意識があり、そうじなどの生活習慣は家庭で身につけるものと考えられている。

4 清そう員の仕事をうばってしまうことになるため、子どもたちにそうじをさせないという理由もある。

いろいろな国の学校のそうじ

ハンガリー

子どもと清そう員が手分けする

子どもにはそうじしづらい場所やトイレなどは清そう員がやり、そうじしやすい場所は子どもがやることになっています。ハンガリーでは教育と労働が深く結びついているため、そうじは子どもたちにとって、はたらくことを学ぶ機会になっています。

タンザニア

そうじを通じて労働を知る

農業がさかんなタンザニアでは、農作業がとても大切な労働と考えられています。そこで、肉体労働を大切だと思うようにするための教育として、子どもたちによるそうじがとても重視されています。

韓国

子どもが職員室をそうじする

韓国には古くから「君師父一体」といって、王様、父親を敬うように先生を敬いなさいという教えがあり、子どもは先生のことを「ソンセンニム（先生様）」とよんで、とても尊敬しています。当然、職員室のそうじは子どもが行います。

フィリピン ✈

そうじに表彰状

フィリピンではそうじは当番制で、朝と放課後の2回そうじをすることになっています。きれいにそうじできているか、先生がグループごとに評価をし、さらに校長先生がクラスごとに評価します。優秀なクラスには表彰状がおくられます。ヤシの実でみがかれたゆかはぴかぴかになります。

ヤシの実など、そうじ道具も国ごとにちがうんじゃ。

文化あれこれ

豆知識 カンボジア

学校に行くのは半日だけ !?

カンボジアの学校は、毎週月曜日から土曜日まであります。しかし、午前か午後のどちらかしか学校に行きません。「二部交代制」といって、午前中に学校に行く子どもと、午後から学校に行く子どもとに分けて、すべての子どもが学校に通えるようにしているのです。その理由は、カンボジアでは教室も先生の数も足りていないからです。1970年から1991年まで、国内で戦争が続いたことが原因です。

授業が半日だからといって、残りの半日を遊んでいるわけではありません。カンボジアでは中学校や高校を卒業するための試験があるので、空いた時間は塾などに行く子どもが多いそうです。

豆知識 オーストラリア

そもそも学校がない地域がある !?

オーストラリアは、国の面積が広いわりに人口が少なく、国民のほとんどが海岸近くに暮らしています。内陸の「アウトバック」とよばれる地域には人があまり住んでいないので、そこには学校もありません。学校があっても、その町までは遠すぎるので、自動車を使っても通うことができません。

そこで、子どもたちは「スクール・オブ・ジ・エア」（通信無線学校）を利用して家で勉強します。以前は、ラジオ放送で先生の授業を聞き、課題を解いて郵便で送っていましたが、今では、インターネットを使って授業を受け、オンラインで課題を提出することができるようになっています。

職員室の役割のちがい ドイツの場合

職員室は先生

先生に質問するために職員室に入ろうとしたら、ドイツ

> 日本では、子どもも職員室に自由に出入りできますが…

子どもたちに開かれた場所

　日本の職員室は、もともとは先生たちが休けいをする場所でした。しかし現在は、放課後などに先生が各自の机でプリントをつくったり、テストの採点をしたりする仕事場になっています。また、朝礼や職員会議など先生どうしの話し合いも職員室で行われます。そのほか、子どもの本音を聞いたり、なやみごとの相談にのったりするなど、先生が子どもと個別に向き合うための場所にもなっています。
　学校によっては、保護者や地域の人たちが自由に出入りできるところもあり、職員室が学校と家庭や地域をつなぐ大切な窓口にもなっています。

> だれでも入りやすいように、外との仕切りをカウンターにした職員室もあるんだって。

以外立ち入り禁止？

から来た友だちに止められたんだけど、どうしてだろう？

ドイツでは、先生以外は職員室に入れません。

職員室は先生のための休けい場所

　ドイツでは、職員室は日本よりもずっとせまく、先生どうしがくつろいでおしゃべりをしたり、大切な打ち合わせをしたりする場所です。そのため子どもは入ることができません。子どもが先生に用事があるときは、職員室の入り口にあるブザーなどを鳴らして、先生に出てきてもらいます。
　また、先生たちが放課後に職員室に残って仕事をすることは、あまりありません。自分が受け持つ授業が終わると子どもたちと同じように早めに家に帰り、翌日の授業の準備やテストの採点などは、家で行います。

見た目も役割もちがう

　日本の職員室には、先生それぞれに机といすがあり、各自が授業の資料やパソコンなどを置いて、その場で仕事をします。
　いっぽうドイツの職員室には、いくつかの大きなテーブルとイスがあり、どこでも自由に使うことができます。

まとめ どうしてちがうの❓

日本とドイツの職員室が見た目も役割もちがう理由は、次のような考え方のちがいが背景にあるようです。

1. 日本の職員室は先生どうし、先生と子どもたち、保護者、地域が交流するための場だと考えられている。

2. ドイツの職員室は、先生どうしがコミュニケーションをとったり、くつろいだりするための場所なので、子どもの立ち入りは禁止。

🌐 いろいろな国の学校のルール

🇲🇽 メキシコ ✈

トイレの時間を記録する

メキシコの中学校は一つの授業がおよそ3時間ととても長いため、途中でトイレに行きたくなる子どもがいます。しかし、勝手に教室から出ては困るため、トイレの前にいる係の人に入った時刻と出た時刻を教えてもらい、きちんとトイレに行った記録を残すことになっています。

🇩🇪 ドイツ ✈

雪合戦をしてはいけない

ドイツの冬はとても寒く、雪は氷のようになってしまいます。その雪でつくった玉はかなりのかたさになり、投げ合うのは危険なので、校庭での雪合戦は禁止されています。子どもたちはこのルールをよく守り、学校の外でもあまり雪合戦をしません。

🇫🇷 フランス ✈

中庭に行くときも先生といっしょ

フランスの小学校では休み時間に中庭で遊ぶことができますが、教室から中庭までは先生といっしょに行かなければなりません。そのときに連れていってくれたり、遊んでくれたりする世話係の先生のことを、男性はアニマトー、女性はアニマトリスとよびます。担任の先生は、授業だけを担当します。

休み時間の過ごし方にもルールがあるのじゃな。

🇫🇮 フィンランド ✈

マイナス18度以上のときは外で遊ぶ

寒さのきびしいフィンランドでは、気温がマイナス18度以上のときは、休み時間は外で遊ぶように決められています。しかも一度外に出たら、先生がかぎを開けてくれるまで教室の中に入ることはできません。フィンランドの冬はマイナス20度以下の日が続くこともあるため、少しでも寒さがやわらいだ日には、外で遊んでしっかり体を動かすようにしているのです。

逆に気温が低すぎる日は、外での授業が禁止になるんだって。

文化あれこれ

豆知識 韓国

罰は社会奉仕活動

韓国では校則を大きくやぶると、罰として5日間ぐらいの社会奉仕活動をすることになっています。たとえば、人手が足りない福祉施設や公共施設で手伝いをしたり、交通安全や献血の手伝いをしたりします。儒教の教えで、お金をもらわずに人を助ける心を育てるのは、子どもの成長にとても大切なことと考えられているからです。

豆知識 シンガポール

髪を切って反省

シンガポールでは、「前髪がまゆをおおってはならない」などの校則から外れた髪型をなおさない場合、学校内で髪を切られることになる、という決まりをもつ学校があるそうです。切るのはプロの理容師さんですが、散髪料の5ドル（320円ほど）も自分で支払わなければなりません。

夏休みの長さのちがい ラトビアの場合

日本の夏休みって

ラトビアの友だちと夏休みの計画を立てていたら、「日本

日本の小学校の夏休みは地域によって20日から40日くらいですが…

夏休みはただの「休み」ではない

　日本の夏は気温と湿度が高く、疲れがたまりやすい時期です。そのため、子どもの心と体を休めるために3〜6週間ほどの夏休みがあります。ただし、遊ぶためではないので、算数や国語のドリル、日記、読書感想文、自由研究など、たくさんの宿題が出されます。

　そのいっぽうで、家族と海や山に出かけて自然にふれたり、時間を気にしないで自分の好きなことに熱中したり、地域の行事に参加したりするなど、ふだんはなかなかできない体験をするための大切な期間にもなっています。

宿題は計画的に取り組むことが大切だね。

長いの、それとも短いの❓

は夏休みが短すぎる！」って言われたんだ。ラトビアではどれくらいの長さなの？

ラトビアの小学校では、3か月もの長い夏休みがあります。

 ### 夏休みに宿題なんてありえない!?

　ヨーロッパの北部にあるラトビアでは、小・中学校の夏休みが6月から8月の間、約90日もあります。日本よりもずっと北にある国なので、冬が長いうえに日が短く、朝9時ごろにようやく明るくなり、夕方4時ごろには暗くなります。いっぽう、夏のあいだは太陽の出ている時間がのびて、夜11時ごろまで明るいのです。長い夏休みは、子どもたちが昼が短い冬の分までじゅうぶんに楽しむためのもので、宿題はいっさい出ないそうです。

夏休みのはじまり
　日本の夏休みは、欧米の文化が次々に取り入れられた明治時代に始まりました。しかし、その目的は、心と体を気づかいながら勉強する期間であるため、「家を学校と思い、自分で修行しなさい。」と教えられ、学校で習ったことを復習したり、家の手伝いをしたりするように学校から指導されることもあったようです。このように、日本には昔から夏休みの宿題があったのです。

31

まとめ どうしてちがうの❓

日本とラトビアで夏休みの長さや習慣がちがう背景には、次のような考え方があるようです。

1. 日本では、暑さのきびしい時期に心身を休めるために夏休みがある。
2. 日本の夏休みは遊ぶための休みではないので、たくさんの宿題が出る。
3. ラトビアでは、短く貴重な夏を楽しむために夏休みがあり、宿題も出ない。

いろいろな国の夏休み

🇷🇺 ロシア

家族とはなれた生活にチャレンジ

ロシアの人々はダーチャとよばれる別荘や、サナトリウムというしせつで夏休みを過ごします。サナトリウムは日本では病気の療養所のことをさしますが、ロシアでは保養所としての機能もあり、子ども用の合宿所などがあります。この合宿所で、家族とはなれて共同生活にチャレンジする子どももいるのです。

🇨🇳 中国

生活習慣を見直すキャンプ

中国では太りぎみや肥満の子どものためのキャンプがあります。このキャンプは規則正しい生活習慣を身につけることとダイエットを目的に、学校の先生や医師の指導のもとで行われます。ジョギングやスポーツ、農作業の手伝いなどをして体を動かすほか、勉強の時間もあります。食事は野菜中心で、ハンバーガーやアイスクリームなどは食べられません。

🇫🇮 フィンランド

野外で遊べる夏はとても貴重

フィンランドでは、11月ごろから5月ごろまで半年以上も冬が続く地域もあり、外で思うぞんぶんに遊べる夏はとても貴重です。そのため、夏休みに宿題は出ません。海外旅行に行く家庭もありますが、待ちに待った自分の国の夏を楽しむため、国内で過ごす家庭が多いようです。各家庭がコテージなどをもっており、親せきをよんでにぎやかに過ごします。

> 北にある国では、夏が貴重なんじゃな。

🇺🇸 アメリカ ✈

いろいろな種類のサマーキャンプ

アメリカでは、学校によっては3か月間ほどの長い夏休みがあり、多くの子どもたちはサマーキャンプに参加します。ひとくちにサマーキャンプといっても、内容はさまざまです。日帰りのものもあれば、一定の期間毎日通うデイキャンプや、遠くに出かけて数週間を過ごすものもあります。なかには東京ドーム250個分もある広いキャンプ場にいろいろな国の子どもたちが集まり、大自然の中でカヌーや乗馬などにチャレンジするものもあるそうです。

ふだんできないことにチャレンジするのが、夏休みの楽しみだね。

文化あれこれ

豆知識 日本

川開きの祭りから始まった花火大会

夏をいろどる花火大会の歴史は、江戸時代から。江戸（今の東京都）の隅田川の川開き（夏の始まりを祝う祭り）で打ち上げられた花火が人気を集め、全国各地で花火大会が開かれるようになったそうです。当時の花火はオレンジ色に限られていましたが、明治時代以降に改良が重ねられ、現在のような色とりどりの花火がつくられるようになりました。

江戸時代にえがかれた隅田川の花火のようす。
画像提供＝国立国会図書館

豆知識 日本

先祖の霊を迎えるお盆

お盆とは、先祖の霊を家に迎える行事です。あの世からきた先祖の霊がまよわないように、迎えるときには「迎え火」を、送るときには「送り火」をたいて道を照らします。山に火でつくられた「大」の字などがうかび上がる、京都の「五山送り火」が広く知られています。また、家に帰ってきた先祖の霊を、明るくにぎやかな音楽とおどりで供養する（いたわる）のが盆おどりです。全国各地で行われますが、徳島県の「阿波おどり」、岐阜県の「郡上おどり」などがとくに有名です。

徳島県の阿波おどり。

進級の制度のちがい　フランスの場合

小学校でも飛

フランスにいる友だちに電話をしたら、「来年は4年生

> 日本では、1年たつと みんなで1つ上の学年に進みますが…

 ## すべての子どもに同じ教育を

　日本では、「すべての国民に等しく教育を受ける機会をあたえなければならない」という、教育の平等という考え方が大切にされています。そのため、毎年みんなで進級し、学年が1つずつ上がります。文部科学省が作成する「学習指導要領」には、学年ごとに学ぶ内容がまとめられており、先生たちはそれにもとづいて授業の内容を決めます。また、「同じ年の子どもといっしょに行動すること」も大切だと考えられています。

　しかし、1990年代の終わりごろから、日本でも少しずつ飛び級の制度ができています。能力しだいで、高校の3年目を飛ばして17才で大学に入れる場合もあります。

みんなで協力することも大切なのね。

び級や留年をする？

を飛ばして5年生になる」って言っていたよ。そんなことできるの？

フランスでは、小学校でも飛び級や留年の制度があります。

子どもの能力に合った教育を

フランスでは、義務教育は6才から16才までの10年間です。小学校が5年間、中学校が4年間、高校が3年間なので、毎年1学年ずつ進級すれば、高校の1年目で義務教育が終わります。ただし、小学校でも能力しだいで本来より上の学年に入る飛び級や、留年（進級せずに同じ学年をくり返すこと）があります。フランスでは、それぞれの子どもの能力に合った教育を受けることが大切だと考えるからです。

中学を卒業しないで、義務教育が終わることもあるよ。

進級すると学年が減る？

フランスでは、中学校に入学したときが6年生です。これは「小学校から数えて6年目」ではなく、「中学・高校の第6学年」という意味です。その後、5年生、4年生と数字が減り、3年生で中学校卒業です。高校に入ると2年生で、それから1年生になり、最後は「テルミナル」（最終学年）といいます。進級するにつれて学年の数字が増える日本とは逆ですね。

35

まとめ どうしてちがうの？

日本では毎年1学年ずつ進級し、フランスでは飛び級や留年があるのには、次のような背景があるようです。

1 日本では、子どもの年齢ごとに平等に教育することが大切だと考えられている。

2 フランスでは、一人ひとりが能力に合った教育を受けることが大切だと考えられている。

3 そのため、フランスではそれぞれの子どもの能力にあった学年に入る。

いろいろな国の教育制度

🇮🇩 インドネシア

国の試験に合格しないと卒業できない

インドネシアは小学校が6年間、中学校と高校が3年間ずつで、日本と同じです。しかし、それぞれの学校を卒業するときに国の試験があります。この試験で基準点以上をとらないと、卒業できないことがあります。卒業試験は4月から5月に行われ、国民の関心も高く、毎年大きなニュースになっているそうです。

🇮🇹 イタリア

大学も入学試験がない！？

イタリアでは小学校5年間と中学校3年間、さらに高校4〜5年間のうち最初の2年の、計10年間が義務教育です。高校には、大学に進学したい人が行く普通高校と、芸術や職業のための技術を学ぶ専門学校の2種類があります。ほとんどの高校や大学には入学試験がなく、登録するだけで入学できます。しかし、入学してからの勉強はきびしく、学年末の試験に合格できなければ留年です。卒業できないこともめずらしくありません。

🇬🇧 イギリス

学校に通わなくてもよい！？

イギリスの法律では、保護者は、子どもを学校に通わせずに家庭で教育してもいいことになっています。保護者の義務はあくまでも「子どもに『ふさわしい教育』を十分に受けさせる」ことで、「学校に通わせること」ではないのです。ほとんどの子どもは学校に通っていますが、「義務教育修了試験」を目ざして、家庭で勉強する子どももいます。

ペルー

幼稚園も義務教育！？

　ペルーでは基本的に、子どもを3才から幼稚園に通わせなければならないことになっています。しかし、小学校に入るのに幼稚園の卒業資格は必要ありません。また、公立の幼稚園が少なく、私立の幼稚園はとてもお金がかかるため、幼稚園に行かない子どもも多くいるそうです。

文化あれこれ

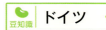 ドイツ ― 中学校選びで将来が決まる！？

3種類の中学校

　ドイツでは、日本の小学校にあたる「基礎学校」が6才から4年間です。義務教育は9年間（一部の州は10年間）なので、10才で基礎学校を卒業すると中学校に進みます。ドイツには中学校が3種類あります。

　1つ目は、5年間の「基幹学校」とよばれる学校です。基幹学校を卒業した生徒は就職し、3年間は働きながら職業訓練学校に通います。2つ目の中学校は「実科学校」といいます。実科学校は6年間で、卒業生は「上級専門学校」や「専門大学」などの、さらに専門的な職業教育を受けられる学校へ進みます。3つ目の中学校が「ギムナジウム」です。ギムナジウムは8年間（一部の州では9年間）で、卒業後はほとんどの生徒が大学へ進学します。

　大学に入学するには、「アビトゥーア」という試験を受けて合格しなくてはなりません。日本の大学入試とちがい、アビトゥーアは一生に2回までしか受けられず、アビトゥーアの点数で入学できる大学が決まります。その代わり、一度合格すれば、何年たってからでも大学に入れます。

10才で将来を決めなければならない！？

　ドイツでは中学校に入学する10才で将来の方向性が決まってしまうといえます。しかし、10才ではどんな職業に向いているのか、あるいは大学へ進むべきなのか、よくわからない子どもも多いでしょう。

　そこで、3種類のどの中学校に入学しても、最初の2年間は「観察指導段階」といって、ほかの中学校に移れるようになっています。また、「受けられる教育に差がつくのはよくない」という考え方にもとづいて、6才から13年間通う「総合制学校」も新しくできています。

	Monday	Tuesday	Wednesday	Thursday
1	**討論（ディベート）（韓国）**　「裁量活動」という、クラスごとに自由に使える時間があり、この時間に「討論」という活動がよく行われます。あるテーマについて、「賛成」「反対」の二つのチームに分かれ、意見を述べ合います。		**護身術（イラン）**　イランの学校には、自分の身を守るための「護身術」の授業があります。1980年代に8年間にわたって、となりの国のイラクと戦争をしていたので、学校で護身術を教えるようになりました。	
2				
3		**ワインづくり（ドイツ）**　校内にブドウ畑があり、自然科学（理科）の授業としてブドウを育てている学校があります。収穫したブドウで、ワインをつくります。もちろん、ワインはお酒なので、子どもたちは飲みません。ドイツのぶどう畑		**日本語（オーストラリア）**　オーストラリアから見て日本はわりと近くにある国なので、日本語の授業もさかんです。日本語を教える先生の教室には、習字や折り紙の作品が飾ってあります。ほかの授業は時間になるとそのまま始まりますが、日本語の授業だけは、最初に生徒が全員立ってあいさつをします。
4				
L				
5	国によって人気のスポーツも変わってくるんじゃ。		**ローラースケート（インド）**　体育とは別に、「ローラースケート」の授業が行われます。コースをつくり、数人ずつ順番にすべります。スケートぐつを持っていない場合は、学校が貸してくれます。写真：Dinodia Photo／アフロ	
6				

Friday **Saturday**

牧羊
（オーストラリア）

校内で羊を飼っています。牧羊の授業を受けている子どもは、授業時間以外にも、朝と休み時間に羊の世話をします。子羊の世話や、羊毛の刈り込みなどの実習もあります。

オーストラリアの羊の牧場
©mastersky-Fotolia.com

 のぞいてみよう！
世界の学校のさまざまな授業風景

世界には、日本の学校にはない、特色のある授業をしている学校がたくさんあります。世界の授業風景を集めてみました。あなたが受けてみたい授業はありますか？

授業以外にもこんなにちがう！

遺跡での運動会（イタリア）
首都のローマには、古代ローマ帝国の遺跡がたくさんあり、2000年ほど昔につくられた競技場で運動会を行います。

学校名（ロシア）
ロシアの公立学校の名前は、日本の「第一小学校」のように地名ではなく数字で表します。すべての公立学校に数字がつけられているので、「810番学校」「1239番学校」のように、とても大きな数字になります。

みんな同じ制服（キューバ）
キューバでは、すべての小学校が同じ制服で、白いブラウスに女子は赤いスカート、男子は赤い半ズボンです。低学年は青いリボン、高学年は赤いリボンを首にまきます。

©jean-henri bertrand-Fotolia.com

取り出し授業
（イギリス）

音楽やバレエなどの特別授業に力を入れていて、授業中に別の教室で行う「取り出し授業」があります。順番が来たら、別の教室で、専門の先生から一人ずつ指導を受けます。

バイオリンを習うイギリスの女の子
©highwaystarz-Fotolia.com

学校はどうして生まれたの？

学校教育は4000～5000年ほど前からあったそうです。学校はどのようにして生まれ、どう変化してきたのでしょうか。

教育の歴史

「教育」という言葉にはさまざまな意味があり、その具体的な内容もさまざまです。もっとも広い意味での教育は、人間が集団での生活を営むようになると同時に始まりましたが、その内容は狩りや採集の方法といった、生きていくうえで必要な生活の知恵を学ぶことでした。文明が発展すると、読み書きや計算など、社会生活で必要な内容、さらには文学や芸術も教えられるようになります。時代が変わっても、共通して教育が目標としていることは、心身ともに豊かな人間を育むことといえます。

学校の歴史

学校には、何人もの生徒を一か所に集め、同時に教育することで、効率的に教育できるという利点があります。このような学校の原型は、紀元前3000～2000年ごろのメソポタミア地方（今のイラクの一部）で始まった、役人を育てるための学校であったといわれています。のちに、古代のエジプトやギリシャでも学校がつくられ、体育、文学、哲学、音楽などが教えられました。その後、貴族が教養を身につけるためのキリスト教の教会付属学校や、宮廷の学校がつくられ、近代的な学校の原型となりました。現代のような学校のしくみが整ったのは19世紀ごろのことです。

アカデメイアという、古代ギリシャの学校をつくった哲学者のプラトン（紀元前427～紀元前347年)の像。
©verve-Fotolia.com

スクールの語源は「ひまつぶしの場所」？

学校のことを英語では「スクール (school)」といいますが、この単語は古代ギリシャ語の「スコレー」という言葉からきています。「スコレー」とは、ひまという意味です。古代ギリシャの貴族たちは、戦争に勝って手に入れた多くのどれい を使うようになり、生活によゆうが生まれ、ひまな時間を持てるようになりました。その時間を利用して教養を身につけるために通ったひまつぶしの場所が「学校」だったのです。

何千年も前から、学校があったなんてびっくり！

日本の学校の歴史

空海の学校

　日本で最初の本格的な学校は、7～8世紀ごろにつくられた「大学寮」とされていますが、これは役人を養成するためのもので、だれもが学ぶことのできる場所ではありませんでした。だれもが学ぶことのできる学校は、平安時代の初めの828年に、空海というお坊さんが京都につくった「綜芸種智院」が最初とされています。そこでは、仏教や儒教を中心に、それ以外のさまざまな学問も教えられていました。

空海（弘法大師）は「お大師さま」とよばれて人々に親しまれている。

江戸時代の寺子屋

　江戸時代になると、都会を中心に、町人のくらしによゆうが出てきました。このころには、町人や農民の子ども向けの「寺子屋」とよばれる学校が多くつくられます。寺子屋では、おもに読み・書き・そろばんが武士や僧侶によって教えられ、6～12才ぐらいの子どもたちが学んでいました。また、武士の子どもたちは藩校という学校に通いました。

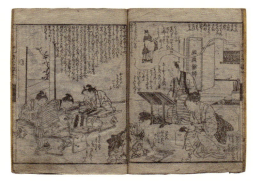

寺子屋で学ぶようすをえがいた江戸時代の本。
画像提供＝国立国会図書館

6・3・3制の採用

　1945年に第二次世界大戦が終わるころには、世界の国々で教育制度の改革が行われ、日本でも1947年に、アメリカを手本に、6・3・3制の教育制度が導入されました。それまでは、尋常小学校で6年間学んだのち、高等小学校、旧制中学校、高等女学校などに進路が分かれていましたが、3年間の中学校に統一されました。これによって義務教育は9年間に延長され、すべての国民が中学校での教育を受けられるようになりました。

岡山県にある、かつて尋常小学校として使われていた建物。

世界の教育制度

国が変われば学校のしくみも変わります。世界の国々では、どのような学校教育が行われているのでしょうか。

6・3・3制以外の学校制度

　日本や韓国などでは、小学校6年間、中学校3年間、高校3年間の6・3・3制の学校教育が行われていますが、これとちがう制度の国もあります。チリでは8・4制、イギリスでは6・5・2制（地域によって異なる）など、さまざまです。また、日本やアメリカなどでは、小学校、中学校、高校のように、進学する学校の種類が決まっているのに対して、ドイツのように、小学校に相当する基礎学校を卒業した段階で、職業訓練のための学校や進学のための学校などに分かれて進学するしくみの国もあります。

スクールバスで登下校するアメリカの小学生。
©Stuart Monk-Fotolia.com

義務教育期間のちがい

　日本では、小学校の6年間と中学校の3年間の合計9年間が義務教育ですが、これも国によってちがいます。イギリスでは5才から16才までの11年間（初等教育6年間、中等教育5年間）が義務教育です。またイスラエルでは、3才※から18才の15年間が義務教育とされています。一方、東南アジアやアフリカの国々では義務教育期間の短い国があります。たとえばミャンマーの義務教育は小学校の5年間だけです。義務教育期間は、各国の教育の目的や経済状況などによってちがっているのです。

※ただし、法律で義務づけられているのは5才以降。

ミャンマーの郊外では、寺が学校の代わりになっている。
©WONG SZE FEI-Fotolia.com

無償教育の期間

　国際人権規約という人権に関する国際的なルールでは、義務教育を無料で行うことになっています。このため、多くの国々の公立の学校では義務教育は無料ですが、その後の教育についてはさまざまです。高校卒業までの公立学校の授業料は、イタリアやドイツなど多くの国々で無料となっています。また、スウェーデンなどのように大学の授業料が無料の国もあります。一方、経済状況の悪化により、無償教育の範囲をせばめる国も少なくありません。

北ヨーロッパで最も古い大学とされるスウェーデンのウプサラ大学。
©borisb17-Fotolia.com

飛び級、落第について

日本でも、小学校や中学校での落第は制度上ありますが、ほとんど行われていません。また、成績がよくても、学年を飛ばして上の学年に飛び級で入ることは、原則として小学校や中学校、高校では行われていません。一方、外国では飛び級も落第も多くの国で行われ、試験に合格しなければ小学校を卒業できない国もあります。たとえば、シンガポールでは児童の100人に2人近くが試験で不合格となり、中学校に進学できません。また、アメリカなどでは飛び級をして10才より前に大学に入学する例もあります。

世界でも有数の名門校といわれるアメリカのハーバード大学。

©f11photo-Fotolia.com

世界の教育事情

教育を受けられない子どもたちがいる

人権保障の国際基準を示した世界人権宣言では、世界中のすべての人に教育を受ける権利があるとされています。そのため、各国では、それぞれの国の実情に合わせた義務教育の制度が定められています。しかし、家庭が貧しかったり、子どもが多かったりするなどの理由で、十分な教育が受けられない子どもが少なくありません。これらの国々には、国際的な援助やはたらきかけがされています。

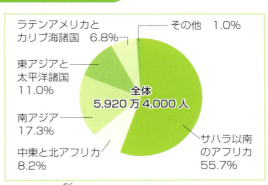

世界では、約5,900万人の子どもたちが学校に行きたくても行けない。　出典：『世界子供白書2016』（2014年）

受験事情

高校や大学に進学するときの、受験のようすも国によってさまざまです。韓国では、厳しい受験競争が行われ、塾や予備校などで受験の準備をする生徒が多くいます。一方、フランスでは「バカロレア」とよばれる中等教育（日本での高校レベル）を修了したことを証明する国家資格をもっていれば、原則としてどこの大学にでも入学できます。しかし、大学を卒業することはとても難しいようです。

上級生の大学受験を応援する韓国の生徒たち。

写真：AP／アフロ

この本で紹介した国と地域

オマーン

（紹介ページ：11）

正式名称◆オマーン国　面積◆31.0万km²（日本の約8割）
人口◆465万人（2016年）　首都◆マスカット
おもな言語◆アラビア語　宗教◆イスラム教

　アラビア半島の南東端に位置し、アラビア海に面する国です。政治は国王が統治の全権をもつ君主制です。経済の中心は石油関連産業で、日本にも多くの石油や天然ガスを輸出していて、中東諸国から石油を運ぶ際の重要なルートであるホルムズ海峡がイランとの間にあります。砂漠の中に水がわくオアシスを利用して農業が行われており、石けんや化粧品などに使われる油の原料となるなつめやしなどが栽培されています。

カンボジア

（紹介ページ：25）

正式名称◆カンボジア王国　面積◆18.1万km²（日本の約半分）
人口◆1583万人（2016年）　首都◆プノンペン
おもな言語◆カンボジア語（クメール語）　宗教◆おもに仏教

　インドシナ半島南部に位置し、タイランド湾に面した国です。世界遺産のアンコール・ワットが有名で、多くの観光客が訪れます。メコン川が南北に流れ、その周辺で稲作がさかんです。人口の85％をクメール人が占め、その多くが仏教徒です。1970年代から1990年代前半にかけて内戦が続き、1970年代に成立した独裁政権下で数百万人の国民が虐殺されました。その際に、各地にうめられた地雷が今も多く残っています。

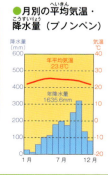

中国

（紹介ページ：4〜6、20、32）

正式名称◆中華人民共和国　面積◆959.7万 km²（日本の約25倍）
人口◆13億8232万人（2016年）　首都◆北京
おもな言語◆中国語　宗教◆道教、仏教、イスラム教など

　人口は世界最多、国土面積では世界第4位の国です。現在の中華人民共和国は、第二次世界大戦後に中国共産党によって建国された比較的新しい国家ですが、国自体の歴史は古く、古代に栄えた文明は「中国文明」とよばれます。1980年代から工業が発展し、2010年には国内総生産（GDP）で世界第2位の経済大国になりました。内陸部は工業化がおくれていて、工業化が進んだ海沿いの都市部との格差が広がっています。

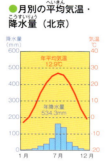

フィリピン

（紹介ページ：25）

正式名称◆フィリピン共和国　面積◆30.0万 km²（日本の約8割）
人口◆約1億225万人（2016年）　首都◆マニラ
おもな言語◆フィリピノ語、英語　宗教◆おもにキリスト教（カトリック）

　太平洋に浮かぶ7000を超える島々からなる国です。一年中暑い熱帯に属し、日本と同様に火山と地震が多い国です。かつてスペイン、アメリカ合衆国の植民地となり、第二次世界大戦中は日本に支配されました。さとうきび・ココナッツ・バナナなどの熱帯性の作物の栽培がさかんで、とくにバナナは生産量・輸出量ともに世界有数です。英語が公用語のひとつで、アメリカ、イギリスに次いで世界で3番目に英語を話す人が多い国です。

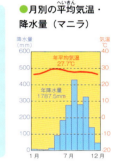

デンマーク

（紹介ページ：7）

正式名称◆デンマーク王国　面積◆4.3万 km²（九州とほぼ同じ）
人口◆569万人（2016年）　首都◆コペンハーゲン
おもな言語◆デンマーク語　宗教◆デンマーク国教会（福音ルーテル派）

　北海に突き出したユーラン半島と、その周辺の島々からなる国です。豚や乳牛の飼育がさかんで、チーズやバターなどを輸出し、特に豚肉は世界有数の輸出量をほこります。『人魚姫』などの童話の作者として知られるアンデルセンはこの国の出身で、首都コペンハーゲンには人魚姫の像があります。また、医療費や大学までの教育費が無料で、社会福祉は世界で最も高い水準の国の一つです。石油などの資源にめぐまれ、風力発電の導入も進んでいます。

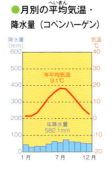

ハンガリー

（紹介ページ：24）

正式名称◆ハンガリー　面積◆9.3万 km²（日本の約4分の1）
人口◆約982万人（2016年）　首都◆ブダペスト　おもな言語◆ハンガリー語（マジャール語）　宗教◆キリスト教（カトリックなど）

　東ヨーロッパにある国で、国土の中央を北から南にドナウ川が流れています。西部にあるバラトン湖は、水の色が七色に変化するといわれています。「ドナウの真珠」ともよばれる首都のブダペストには美しい町並みが広がり、世界遺産に登録されています。また、国内にはたくさんの温泉地があり、世界有数の温泉大国でもあります。農業ではとうもろこしやぶどう、パプリカなどが栽培され、豚などの飼育もさかんです。

※気温・降水量データは『理科年表』（平成28年版）などを、国勢データは『世界国勢図会』『データブック・オブ・ザ・ワールド』などを参照しました。

フィンランド
（紹介ページ：14、18、29、32）

正式名称◆フィンランド共和国　面積◆33.7万km²（日本の約9割）
人口◆552万人（2016年）　首都◆ヘルシンキ　おもな言語◆フィンランド語、スウェーデン語　宗教◆キリスト教（福音ルーテル派）

　ヨーロッパ北部のスカンディナビア半島のつけ根に位置する国です。国土の7割以上が森林で、湖や湿地が広がります。人口は南部に集中し、凍土地帯が広がる北部は、年間を通じてオーロラが見られます。また、「サンタクロース村」や「ムーミンワールド」などがあることでも有名です。男女同権の考え方が強く、法律家や医師は約半数が、国会議員は約4割が女性です。教育の水準も世界トップクラスです。

ラトビア
（紹介ページ：30～32）

正式名称◆ラトビア共和国　面積◆6.5万km²（日本の約2割）
人口◆196万人（2016年）　首都◆リガ
おもな言語◆ラトビア語　宗教◆キリスト教（福音ルーテル派など）

　バルト海に面したバルト三国のひとつです。1991年にソビエト連邦（ソ連）から分離・独立しました。首都のリガは歴史的な町並みが残り、「バルトのパリ」ともよばれ、世界遺産に登録されています。2004年にヨーロッパ連合（EU）に加盟し、2014年には共通通貨のユーロを導入しました。農業では大麦やライ麦などの栽培、畜産業などがさかんです。森林も豊富で、木材は重要な輸出品となっています。

タンザニア
（紹介ページ：24）

正式名称◆タンザニア連合共和国　面積◆94.7万km²（日本の約2.5倍）
人口◆5516万人（2016年）　首都◆ダルエスサラーム（法律上はドドマ）
おもな言語◆スワヒリ語、英語　宗教◆イスラム教、キリスト教、伝統信仰

　大陸部をタンガニーカ、インド洋上の島々の地域をザンジバルといい、もとは別々の国でした。北東部には、アフリカ最高峰のキリマンジャロ山（標高5895m）があり、その名がついたタンザニア産のコーヒー豆「キリマンジャロ」は世界的に有名です。ほかにも面積がアフリカ最大のビクトリア湖や野生動物、ザンジバル島の旧市街など、自然や歴史をいかした観光業がさかんです。

キューバ
（紹介ページ：11、14、39）

正式名称◆キューバ共和国　面積◆11.0万km²（日本の約3分の1）
人口◆1139万人（2016年）　首都◆ハバナ
おもな言語◆スペイン語　宗教◆キリスト教（カトリックなど）

　カリブ海に浮かぶキューバ島を中心とした常夏の島国です。1959年にキューバ革命が起こり、社会主義国となりました。その後、長い間アメリカ合衆国と対立し、国交を断絶した状態が続いていましたが、2015年に国交を回復しました。さとうきびやタバコの栽培がさかんで、タバコの葉を巻きこんだ葉巻は世界的に人気があります。首都のハバナには歴史的な町並みが残り、世界遺産に登録されていて、多くの観光客が訪れています。

パナマ

(紹介ページ：6)

正式名称◆パナマ共和国　面積◆7.5万km²（北海道よりやや小さい）
人口◆399万人（2016年）　首都◆パナマシティ
おもな言語◆スペイン語　宗教◆キリスト教（カトリックなど）

　北アメリカ州の中で最も南にある国です。中央部には、1914年に開通した全長約80kmのパナマ運河があり、太平洋とカリブ海を結んでいます。パナマ運河は1年間に約1万3000隻もの船が通過する重要な交通路で、パナマの経済はパナマ運河の通行料にたよる部分が大きくなっています。農業ではバナナやカカオが栽培され、商業や運輸業、観光業などの第三次産業もさかんです。

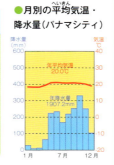

●月別の平均気温・降水量（パナマシティ）

ニュージーランド

(紹介ページ：7)

正式名称◆ニュージーランド　面積◆26.8万km²（日本の約7割）
人口◆457万人（2016年）　首都◆ウェリントン
おもな言語◆英語、マオリ語　宗教◆キリスト教

　首都がある北島と、南島を中心とする島々で構成されています。17世紀以降にやってきた、イギリスなどヨーロッパからの移民が多い国ですが、先住民のマオリも人口の約14％を占めています。牧畜がさかんで、人口をはるかに超える約3000万頭もの羊が飼育されています。キウイフルーツの産地としても有名で、その語源となった鳥のキウイがすんでいます。ラグビーの世界的な強豪国でもあります。

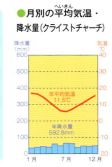

●月別の平均気温・降水量（クライストチャーチ）

2巻	インドネシア、インド、パプアニューギニア、ベトナム、ミャンマー、ギリシャ、ロシア、ガーナ、スーダン、南アフリカ共和国、リベリア、ハワイ
3巻	イスラエル、モンゴル、アイルランド、イギリス、スイス、スコットランド、ブルガリア、エジプト、カメルーン、ブルキナファソ、ペルー、タヒチ
4巻	シンガポール、タイ、ブルネイ、オーストリア、オランダ、スペイン、ドイツ、フランス、アメリカ合衆国、カナダ、アルゼンチン、オーストラリア
5巻	イラン、韓国、スリランカ、トルクメニスタン、トルコ、イタリア、スウェーデン、ザンビア、マリ、メキシコ、ブラジル、トンガ

他の国々の説明は、左の巻を見てね！

※気温・降水量データは『理科年表』（平成28年版）などを、国勢データは『世界国勢図会』『データブック・オブ・ザ・ワールド』などを参照しました。

47

監修　須藤　健一（国立民族学博物館長）

装丁・レイアウト
株式会社クラップス（佐藤かおり）

表紙イラスト
大河原一樹

本文イラスト・図版
大河原一樹、駒村美穂子

執筆協力
今 由音、小沼朝生、佐野秀好、野口光伸

編集協力
株式会社美和企画（大塚健太郎）
林 郁子

地図制作（見返し）
城戸智砂子

写真・図版協力
Photolibrary、国立国会図書館、Aflo、Fotolia.com、JTBフォト

編集
藤井 彩、中山敏治

おもな参考文献
『ビジュアル版学校の歴史 1 学校生活編』汐文社、『アジアの小学生』（各巻）学研、『町とくらしのうつりかわり 1 みんなの学校、昔と今』小峰書店、『きみにもできる国際交流』（各巻）偕成社、『教職員ハンドブック 第3次改訂版』都政新報社、『体験取材！　世界の国ぐに』（各巻）ポプラ社、『ヨーロッパの小学生』（各巻）学研、『世界のともだち』（各巻）偕成社、『絵本 世界の食事』（各巻）農山漁村文化協会、『ナショナルジオグラフィック世界の国』（各巻）ほるぷ出版、『学校は義務じゃない －イギリスのホーム・エデュケーション実践の手引き－』明石書店、『新版 世界の学校 教育制度から日常の学校風景まで』学事出版、『学校掃除 その人間形成的役割』学事出版、『レポート 世界の学校』三修社、『世界の学校 そして子ども・教師・家庭』三一書房、『0歳からの子どもの安全教育論 家庭・地域・学校で育む"しみん・あんぜん力"』明石書店、『せかいの子どもたちはいま』学研、『こんなに厳しい！　世界の校則』メディアファクトリー、『世界がわかる子ども図鑑』学研、『はじめて知るみんなの行事とくらし』学研、『「教育」2012年11月号　特集・変貌する職員室』かもがわ出版、『夏休みと子どもの生活』明治図書出版、『ひろばユニオン』労働者学習センター、『新しい学校』興文館、『育てる』育てる会、『考える子ども』社会科の初志をつらぬく会、『日本大百科全書』小学館

NDC 380

監修　須藤健一

ニコニコ　学校生活
（それ日本と逆!?　文化のちがい 習慣のちがい
第2期　全5巻①）

学研プラス　2017　48P　28.6cm
ISBN 978-4-05-501221-8　C8639

それ日本と逆!?
文化のちがい 習慣のちがい 第2期①

ニコニコ 学校生活

2017年2月24日　　第1刷発行
2024年1月31日　　第8刷発行

発行人　土屋 徹
編集人　代田雪絵
発行所　株式会社Gakken
　　　　〒141-8416　東京都品川区西五反田2-11-8
印刷所　共同印刷株式会社

この本に関する各種お問い合わせ先
●本の内容については、下記サイトのお問い合わせフォームよりお願いします。
　https://www.corp-gakken.co.jp/contact/
●在庫については　TEL：03-6431-1198（販売部直通）
●不良品（落丁、乱丁）については
　TEL：0570-000577　学研業務センター
　〒354-0045　埼玉県入間郡三芳町上富279-1
●上記以外のお問い合わせは
　TEL：0570-056-710（学研グループ総合案内）

©Gakken
本書の無断転載、複製、複写（コピー）、翻訳を禁じます。
本書を代行業者等の第三者に依頼してスキャンやデジタル化することは、たとえ個人や家庭内の利用であっても、著作権法上、認められておりません。

学研の書籍・雑誌についての新刊情報・詳細情報は、下記をご覧ください。
学研出版サイト　https://hon.gakken.jp/

それ日本と逆!? 文化のちがい 習慣のちがい 第2期 全5巻

巻	タイトル	テーマ
1巻	ニコニコ	学校生活
2巻	ペラペラ	ことばとものの名前
3巻	ワクワク	音楽と物語
4巻	ドキドキ	お出かけ・乗り物
5巻	ワイワイ	記念日とお祭り

国名・地域名別総索引

- 「それ日本と逆!? 文化のちがい 習慣のちがい 第2期」1〜5巻に登場する国名（日本を除く。一部は地域名）の総索引です。
- 数字は、その国名が登場するページ数を表しています。
- 3ページ以上連続で登場する場合は、たとえば4、5、6、7を「4-7」などと表しています。
- 国名（地域名）は、一部を除いて通称を用いています。

国名	巻	ページ
アイルランド	3巻	14、28
	5巻	10、12
アメリカ	1巻	4-6、12-14、21-24、33、41-43
	2巻	5、6、13、14、18-20、22-25、29、30、31、34-37、42
	3巻	6、18、19、34-39
	4巻	7、13-18、22-25、27、31、34-38
	5巻	4、7、10-13、17、18
アルゼンチン	2巻	29
	4巻	39
	5巻	35
アルバニア	2巻	31
イギリス	1巻	8-10、19、36、39、42
	2巻	24、29、30、42
	3巻	8-10、12-14、26-29
	4巻	7、11-13、31、39
	5巻	10、12、13、29

国名	巻	ページ
		32-34、38
	1巻	42
イスラエル	2巻	31
	3巻	11
	5巻	12、28
イタリア	1巻	36、39、42
	2巻	17、31
	3巻	39、43
	4巻	7、8-10
	5巻	4-6、12
イラク	1巻	40
	3巻	13
イラン	1巻	38
	3巻	10、21、24、25
	5巻	12、26-28
インド	1巻	20、38
	2巻	14、29、31
	3巻	11、22-25、28、29、32
	4巻	13、26、34
	5巻	12、13、20、28、32、35、42、43

国名	巻	ページ
インドネシア	1巻	15、36
	2巻	4-6、31
	4巻	40
	5巻	11、12、25
ウクライナ	5巻	12
エクアドル	2巻	31
エジプト	1巻	40
	2巻	29、40
	3巻	24、25
	4巻	16
	5巻	12
エチオピア	1巻	20
オーストラリア	1巻	6、25、38、39
	2巻	29
	3巻	6
	4巻	7、20、32-34、40
	5巻	6
オーストリア	3巻	20
	4巻	21、13
オマーン	1巻	11
オランダ	2巻	5、13、17
	4巻	10、20